보랏빛소 워크북 시리즈

초등 입학 전 미리 공부하는

# 또곡또박 한글 떼기

**4**

5~7세

구개음화, 거센소리, 받침의 표기와 소리가 다른 글자,
자음의 발음이 닮아가는 글자, 헷갈리는 글자

모들카운텐츠팀 글 | 이우일 그림 | 장희윤 감수

보랏빛소 어린이
Borabit Cow

# "또박또박 따라 쓰며 한글을 떼요!"

어린이 여러분! 반가워요. 이 책은 또박또박 따라 쓰면서 저절로 한글과 친해지고 공부할 수 있도록 도와주는 여러분의 친구랍니다. 지금부터 이 친구의 특징을 소개할게요.

## 손으로 따라 쓰기만 해도 공부가 돼요!

이 책은 '쓰기'를 통해 한글을 뗄 수 있도록 도와줍니다. 그냥 눈으로 읽는 것도 좋지만, 눈과 입으로 소리 내어 읽은 뒤, 내 손으로 직접 한 글자 한 글자 꾹꾹 눌러 쓸 때 비로소 진짜 내 것으로 만들 수 있거든요.

## 매일매일 하루 10분이면 충분해요!

한꺼번에 무리해서 공부하려고 하지 마세요. 배움의 기쁨이 사라질 수도 있어요. 재미있게 공부하기 위해서는 매일 2쪽씩, 하루 10분이면 충분하답니다. 대신 그날의 정해진 분량을 꼼꼼하게 공부하기로 약속!

## 차근차근 단계별로 익힐 수 있어요!

이 책은 총 5권으로 이루어져 있어요. 한글을 처음 접하는 3~4세 친구들을 위한 자음과 모음부터, 초등 입학을 준비하는 5~7세 친구들이 꼭 알아야 할 단어와 문장을 20단계에 걸쳐 나누어 담았답니다. 쉬운 부분부터 어려운 부분에 이르기까지 차근차근 난이도를 높여가며 공부하면 금세 한글을 뗄 수 있어요.

### 🖊 한글 맞춤법 공부도 할 수 있어요!

앞으로 학교에 다니게 되면 한글 맞춤법이 정말 중요해질 거예요. 그런데 어린이뿐만 아니라 어른들에게도 한글 맞춤법은 어렵고 복잡하답니다. 하지만 이 책으로 또박또박 따라 쓰며 한글을 공부하다 보면 어려운 맞춤법과 띄어쓰기도 저절로 익히게 될 거예요.

### 🖊 엄마와 함께 한글을 공부해요!

단계가 끝날 때마다 평가 페이지가 있어요. 혼자서 풀어 보고 엄마와 함께 정답을 확인해 보세요. 2~5권의 맨 뒷장에는 받아쓰기 코너가 마련되어 있어요. 국어 선생님이 골라 주신 초등 교과서 속 문장을 엄마가 불러 주고 아이가 받아쓰면서 배운 것을 잘 이해했는지 점검해 보세요.

### 🖊 또박또박 쓰다 보면 글씨체도 예뻐져요!

이 책이 시키는 대로, 바른 자세와 바른 마음으로 글씨를 써 보세요. 그저 한글 공부를 하고 있을 뿐인데 어느새 예쁜 글씨체까지 덤으로 얻게 될 거예요.

자, 그럼 지금부터 한글 뗄 준비 되었나요?《초등 입학 전 미리 공부하는 또박또박 한글 떼기》(전5권)와 함께 신나는 한글의 세계로 떠나 보세요!

# ✏️ 20단계 프로그램으로 한글의 원리가 쏙쏙!

### 1권

| 0단계 | 한글과 친해지기 | 자음과 모음을 만나요. |
|---|---|---|

### 2권

| 1단계 | 자음과 모음 | 자음과 모음의 발음자를 익혀요. |
|---|---|---|
| 2단계 | 받침이 없는 쉬운 글자 | 쉬운 자음과 모음이 합쳐진 글자를 배워요. |
| 3단계 | 받침이 없는 어려운 글자 | 어려운 모음 'ㅝ, ㅖ, ㅞ' 등을 구별해요. |
| 4단계 | 받침이 있는 쉬운 글자 | 쉬운 받침이 있는 글자를 배워요. |
| 5단계 | 받침이 있는 어려운 글자 | 받침과 어려운 모음이 있는 글자를 배워요. |

### 3권

| 6단계 | 같은 자음이 겹치는 겹글자 | 같은 자음이 겹쳐서 이루어진 글자를 배워요. |
|---|---|---|
| 7단계 | 받침이 뒤로 넘어가는 글자 | 앞의 받침이 뒤에 오는 글자의 첫소리로 넘어가요. |
| 8단계 | 된소리가 나는 글자 | 앞의 받침 때문에 뒷글자에서 된소리가 나요. |
| 9단계 | 소리나 모양을 흉내 낸 글자 | 소리나 모양을 흉내 낸 글자를 익혀요. |
| 10단계 | 틀리기 쉬운 글자 | '이'와 '히'로 끝나는 틀리기 쉬운 글자를 익혀요. |

### 4권

| 11단계 | 구개음으로 바뀌는 글자 | 앞의 받침 때문에 구개음으로 바뀌어요. |
|---|---|---|
| 12단계 | 거센소리가 나는 글자 | 앞의 받침 때문에 뒷글자에서 거센소리가 나요. |
| 13단계 | 받침의 표기와 소리가 다른 글자 | 받침을 적을 때와 발음할 때가 달라요. |
| 14단계 | 자음의 발음이 닮아가는 글자 | 앞글자의 받침과 뒷글자의 첫소리가 서로 닮아가요. |
| 15단계 | 발음이 같아서 헷갈리는 글자 | 발음은 같은데 쓰는 법은 다른 글자를 익혀요. |

### 5권

| 16단계 | 사이시옷을 붙이는 글자 1 | 사이시옷을 붙이는 글자를 익혀요. |
|---|---|---|
| 17단계 | 사이시옷을 붙이는 글자 2 | 사이시옷을 붙이는 글자를 익혀요. |
| 18단계 | 자음이 첨가되는 글자 | 음이 첨가되어 소리가 바뀌는 글자를 배워요. |
| 19단계 | 받침이 두 개인 어려운 글자 | 받침 두 개가 겹치는 글자를 배워요. |
| 20단계 | 예사말과 높임말 | 밥과 진지가 어떻게 다른지 알아봐요. |

# 학습 효과가 뛰어난 단계별 평가와 교과서 속 받아쓰기 문장 수록!

## 낱말 쓰기

같은 원리를 가진 낱말끼리 모아 여러 번 읽고 따라 쓰다 보면 자연스럽게 그 원리도 깨치게 될 겁니다. 그림을 통해 의미를 파악할 수 있으며, 아직 글씨 쓰기에 익숙하지 않은 아이도 혼자서 또박또박 글씨 쓰는 연습을 할 수 있습니다.

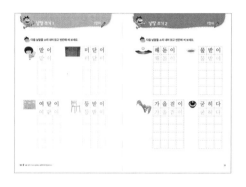

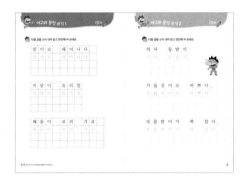

## 어구와 문장 쓰기

각 단계에서 배운 낱말들을 어구 또는 문장으로 만들어 따라 쓰기 연습을 할 수 있습니다. 두 개 이상의 낱말을 비교하면서 차이를 확인할 수 있고 띄어쓰기도 자연스럽게 익히도록 구성하였습니다.

## 단계별 평가

각 단계마다 '평가'를 수록하였습니다. 앞에서 배운 낱말의 의미와 맞춤법을 제대로 익혔는지 확인할 수 있습니다. 잘못 쓴 글자를 보면서 고치는 문제를 수록하여 각 단계가 끝날 때마다 배운 내용을 확실히 복습할 수 있게 도와줍니다.

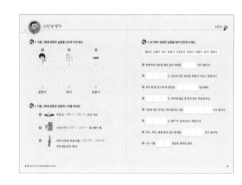

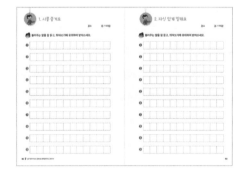

## 교과서 따라잡기

최신 개정 교과서에 나오는 출제 빈도가 높은 문장을 중심으로 받아쓰기 문제를 수록하였습니다. 부모님이 직접 문제를 불러 주세요. 초등학교 입학 전에는 예습용으로 사용하고, 입학 후에는 아이가 국어 교과서의 낱말과 문장을 잘 받아쓸 수 있는지 확인할 수 있습니다.

# 차례

머리말 • 2

이 책의 구성 • 4

## 12단계 거센소리가 나는 글자

소리의 변화 - 거센소리되기 • 24

낱말 쓰기 1 • 26

낱말 쓰기 2 • 27

낱말 쓰기 3 • 28

낱말 쓰기 4 • 29

어구와 문장 쓰기 1 • 30

어구와 문장 쓰기 2 • 31

어구와 문장 쓰기 3 • 32

어구와 문장 쓰기 4 • 33

12단계 평가 • 34

## 11단계 구개음으로 바뀌는 글자

낱말 쓰기 1 • 10

낱말 쓰기 2 • 11

낱말 쓰기 3 • 12

낱말 쓰기 4 • 13

어구와 문장 쓰기 1 • 14

어구와 문장 쓰기 2 • 15

어구와 문장 쓰기 3 • 16

어구와 문장 쓰기 4 • 17

11단계 평가 • 18

## 14단계 자음의 발음이 닮아가는 글자

소리의 변화 – 자음동화 • 56

낱말 쓰기 1 • 58

낱말 쓰기 2 • 59

낱말 쓰기 3 • 60

낱말 쓰기 4 • 61

낱말 쓰기 5 • 62

낱말 쓰기 6 • 63

낱말 쓰기 7 • 64

낱말 쓰기 8 • 65

어구와 문장 쓰기 1 • 66

어구와 문장 쓰기 2 • 67

어구와 문장 쓰기 3 • 68

어구와 문장 쓰기 4 • 69

어구와 문장 쓰기 5 • 70

어구와 문장 쓰기 6 • 71

14단계 평가 • 72

## 13단계 받침의 표기와 소리가 다른 글자

낱말 쓰기 1 • 40

낱말 쓰기 2 • 41

낱말 쓰기 3 • 42

낱말 쓰기 4 • 43

낱말 쓰기 5 • 44

낱말 쓰기 6 • 45

어구와 문장 쓰기 1 • 46

어구와 문장 쓰기 2 • 47

어구와 문장 쓰기 3 • 48

어구와 문장 쓰기 4 • 49

13단계 평가 • 50

국어 교과서 따라잡기 • 91

2학년 1학기 받아쓰기 문제 • 103

11~15단계 평가 정답 • 106

## 15단계 발음이 같아서 헷갈리는 글자

낱말 쓰기 1 • 78

낱말 쓰기 2 • 79

낱말 쓰기 3 • 80

낱말 쓰기 4 • 81

어구와 문장 쓰기 1 • 82

어구와 문장 쓰기 2 • 83

어구와 문장 쓰기 3 • 84

어구와 문장 쓰기 4 • 85

15단계 평가 • 86

맏이 굳이 해돋이
같이 똑같이 붙이다
소리 나는 대로만 쓰면 틀리기 쉬운 낱말입니다. 한번 읽어 보세요.
마지, 구지, 가지, 똑까치… 으악! 하마터면 소리 나는 대로 쓸 뻔했네!

# 11단계
# 구개음으로 바뀌는 글자

앞글자의 받침이 'ㄷ, ㅌ'이면 뒷글자의 첫소리가
'이, 야, 여, 요, 유'로 시작할 때 'ㄷ, ㅌ'은 [ㅈ, ㅊ]으로
소리나는 현상이 일어납니다.
그래서 '맏이'는 [마지]
'같이'는 [가치]로 발음합니다.
이때 'ㅈ, ㅊ'을 구개음이라고 부른답니다.

 다음 낱말을 소리 내어 읽고 빈칸에 써 보세요.

| 맏 | 이 |
|---|---|
| 맏 | 이 |
|   |   |
|   |   |
|   |   |
|   |   |

| 미 | 닫 | 이 |
|---|---|---|
| 미 | 닫 | 이 |
|   |   |   |
|   |   |   |
|   |   |   |
|   |   |   |

| 여 | 닫 | 이 |
|---|---|---|
| 여 | 닫 | 이 |
|   |   |   |
|   |   |   |
|   |   |   |
|   |   |   |

| 등 | 받 | 이 |
|---|---|---|
| 등 | 받 | 이 |
|   |   |   |
|   |   |   |
|   |   |   |
|   |   |   |

 다음 낱말을 소리 내어 읽고 빈칸에 써 보세요.

| 해 | 돋 | 이 |
|---|---|---|
| 해 | 돋 | 이 |
| | | |
| | | |
| | | |
| | | |

| 물 | 받 | 이 |
|---|---|---|
| 물 | 받 | 이 |
| | | |
| | | |
| | | |
| | | |

| 가 | 을 | 걷 | 이 |
|---|---|---|---|
| 가 | 을 | 걷 | 이 |
| | | | |
| | | | |
| | | | |
| | | | |

| 굳 | 히 | 다 |
|---|---|---|
| 굳 | 히 | 다 |
| | | |
| | | |
| | | |
| | | |

 다음 낱말을 소리 내어 읽고 빈칸에 써 보세요.

| 같 | 이 |
|---|---|
| 같 | 이 |
| | |
| | |
| | |

| 똑 | 같 | 이 |
|---|---|---|
| 똑 | 같 | 이 |
| | | |
| | | |
| | | |

| 붙 | 이 | 다 |
|---|---|---|
| 붙 | 이 | 다 |
| | | |
| | | |
| | | |

| 금 | 붙 | 이 |
|---|---|---|
| 금 | 붙 | 이 |
| | | |
| | | |
| | | |

 다음 낱말을 소리 내어 읽고 빈칸에 써 보세요.

| 샅 | 샅 | 이 |
|---|---|---|
| 샅 | 샅 | 이 |
| | | |
| | | |
| | | |

| 피 | 붙 | 이 |
|---|---|---|
| 피 | 붙 | 이 |
| | | |
| | | |
| | | |

| 하 | 나 | 같 | 이 |
|---|---|---|---|
| 하 | 나 | 같 | 이 |
| | | | |
| | | | |
| | | | |

| 접 | 붙 | 이 | 다 |
|---|---|---|---|
| 접 | 붙 | 이 | 다 |
| | | | |
| | | | |
| | | | |

 다음 글을 소리 내어 읽고 빈칸에 써 보세요.

| 맏 | 이 | 로 |  | 태 | 어 | 나 | 다 | . |
|---|---|---|---|---|---|---|---|---|
| 맏 | 이 | 로 |  | 태 | 어 | 나 | 다 | . |
|  |  |  |  |  |  |  |  |  |
|  |  |  |  |  |  |  |  |  |

| 미 | 닫 | 이 |  | 유 | 리 | 창 |
|---|---|---|---|---|---|---|
| 미 | 닫 | 이 |  | 유 | 리 | 창 |
|  |  |  |  |  |  |  |
|  |  |  |  |  |  |  |

| 해 | 돋 | 이 |  | 보 | 러 |  | 가 | 요 | . |
|---|---|---|---|---|---|---|---|---|---|
| 해 | 돋 | 이 |  | 보 | 러 |  | 가 | 요 | . |
|  |  |  |  |  |  |  |  |  |  |
|  |  |  |  |  |  |  |  |  |  |

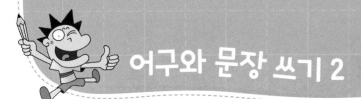 
 다음 글을 소리 내어 읽고 빈칸에 써 보세요.

| 의 | 자 | | 등 | 받 | 이 |
|---|---|---|---|---|---|
| 의 | 자 | | 등 | 받 | 이 |
| | | | | | |
| | | | | | |

| 가 | 을 | 걷 | 이 | 로 | | 바 | 쁘 | 다 | . |
|---|---|---|---|---|---|---|---|---|---|
| 가 | 을 | 걷 | 이 | 로 | | 바 | 쁘 | 다 | . |
| | | | | | | | | | |
| | | | | | | | | | |

| 빗 | 물 | 받 | 이 | 가 | | 꽉 | | 찼 | 다 | . |
|---|---|---|---|---|---|---|---|---|---|---|
| 빗 | 물 | 받 | 이 | 가 | | 꽉 | | 찼 | 다 | . |
| | | | | | | | | | | |
| | | | | | | | | | | |

15

 다음 글을 소리 내어 읽고 빈칸에 써 보세요.

| 둘 | 이 |  | 같 | 이 |  | 함 | 께 |
|---|---|---|---|---|---|---|---|
| 둘 | 이 |  | 같 | 이 |  | 함 | 께 |
|  |  |  |  |  |  |  |  |
|  |  |  |  |  |  |  |  |

| 똑 | 같 | 이 |  | 나 | 눠 | 요 | . |
|---|---|---|---|---|---|---|---|
| 똑 | 같 | 이 |  | 나 | 눠 | 요 | . |
|  |  |  |  |  |  |  |  |
|  |  |  |  |  |  |  |  |

| 하 | 나 | 같 | 이 |  | 예 | 쁘 | 네 | 요 | . |
|---|---|---|---|---|---|---|---|---|---|
| 하 | 나 | 같 | 이 |  | 예 | 쁘 | 네 | 요 | . |
|  |  |  |  |  |  |  |  |  |  |
|  |  |  |  |  |  |  |  |  |  |

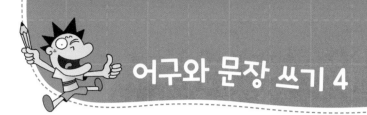
 다음 글을 소리 내어 읽고 빈칸에 써 보세요.

| 감 | 쪽 | 같 | 이 |  | 사 | 라 | 지 | 다 | . |
|---|---|---|---|---|---|---|---|---|---|
| 감 | 쪽 | 같 | 이 |  | 사 | 라 | 지 | 다 | . |
|  |  |  |  |  |  |  |  |  |  |
|  |  |  |  |  |  |  |  |  |  |

| 구 | 석 | 구 | 석 |  | 샅 | 샅 | 이 |
|---|---|---|---|---|---|---|---|
| 구 | 석 | 구 | 석 |  | 샅 | 샅 | 이 |
|  |  |  |  |  |  |  |  |
|  |  |  |  |  |  |  |  |

| 소 | 매 | 를 |  | 걷 | 어 | 붙 | 이 | 다 | . |
|---|---|---|---|---|---|---|---|---|---|
| 소 | 매 | 를 |  | 걷 | 어 | 붙 | 이 | 다 | . |
|  |  |  |  |  |  |  |  |  |  |
|  |  |  |  |  |  |  |  |  |  |

 **1. 다음 그림에 알맞은 낱말을 선으로 이으세요.**

| ❶ | ❷ | ❸ |
|---|---|---|
|  |  |  |

| ㄱ | ㄴ | ㄷ |
|---|---|---|
| 물받이 | 맏이 | 등받이 |

 **2. 다음 그림에 알맞은 낱말에 ○표를 하세요.**

❶  바다로 ( 해돋이 / 해도지 ) 보러 가요.

❷  구석구석 ( 삳삳이 / 샅샅이 ) 청소해야 해.

❸  자두나무에 복숭아를 ( 접부치면 / 접붙이면 ) 자두복숭아가 된다.

3. 보기에서 알맞은 낱말을 찾아 빈칸에 쓰세요.

[보기] 금붙이 맏이 등받이 가을걷이 샅샅이 피붙이 굳이 해돋이

❶ 형제자매 가운데 제일 손위 사람을 ☐☐ 라고 합니다.

❷ ☐☐☐ 는 금으로 만든 물건을 통틀어 이르는 말입니다.

❸ 먼지 한 톨 안 나오게 집안을 ☐☐☐ 청소해라.

❹ ☐☐☐ 는 의자에 앉을 때 등이 닿는 부분입니다.

❺ 가을에 익은 곡식을 거두어들이는 것을 ☐☐☐☐ 라고 합니다.

❻ ☐☐☐ 는 해가 막 솟아오르는 때입니다.

❼ 부모, 자식, 형제 등과 같은 관계를 ☐☐☐ 라고 합니다.

❽ 나도 너를 ☐☐ 붙잡을 생각은 없다.

 4. 문제를 읽고 알맞은 낱말을 찾아 빈칸에 바르게 옮겨 쓰세요.

❶ 창이나 문을 옆으로 밀어서 여닫게 하는 방식은?
① 미닫이     ② 미다지

❷ 지붕에서 내려오는 빗물을 받아 흘러내리게
하는 것은?
① 물바지     ② 물받이

❸ 어떤 재료나 물체끼리 떨어지지 않게
하는 것은?
① 붙이다     ② 부치다

❹ 어떤 물건을 모양이 바뀌지 않을 만큼
단단하게 만드는 것은?
① 굳히다     ② 구치다

❺ '여럿이 서로 더불어'에 해당하는 말은?
① 가치     ② 같이

❻ "○○○ 따라해 보세요."에 알맞은 말은
무엇인가요?
① 똑가티     ② 똑가치     ③ 똑같이

❼ 쇠로 만든 철물에 속하는 것들을 통틀어
이르는 말은?
① 쇠붙이     ② 쇠부티     ③ 쇠부치

❽ '하나하나 빠짐없이'에 해당하는 말은?
① 난나치     ② 낱낱이     ③ 낱낱히

5. 왼쪽 ☐ 안의 틀린 글자를 찾아, 오른쪽 빈칸에 바르게 쓰세요.

| 틀린 글자 찾기 | 바르게 고쳐 쓰기 |

❶ 마 지 로 태어나다.      ☐ ☐ 로 태어나다.

❷ 둘이 가 치 함께      둘이 ☐ ☐ 함께

❸ 동해로 해 도 지 보러      동해로 ☐ ☐ ☐ 보러

❹ 감 쪽 가 치 사라지다.      ☐ ☐ ☐ ☐ 사라지다.

❺ 소매를 걷어 부 치 다.      소매를 걷어 ☐ ☐ ☐.

❻ 가 을 거 지 로 바쁘다.      ☐ ☐ ☐ ☐ 로 바쁘다.

❼ 미 다 지 유리창      ☐ ☐ ☐ 유리창

❽ 구석구석 사 사 치      구석구석 ☐ ☐ ☐

# 12단계
# 거센소리가 나는 글자

'좋다'와 '입학'의 공통점은 무엇일까요?
'ㅎ' 받침 뒤에 'ㄱ, ㄷ, ㅈ'이 오면 [ㅋ, ㅌ, ㅊ]으로,
'ㄱ, ㄷ, ㅂ, ㅅ, ㅈ' 받침 뒤에 'ㅎ'이 오면
[ㅋ, ㅌ, ㅍ, ㅊ]으로
소리 납니다. 'ㅋ, ㅌ, ㅍ, ㅊ'을
거센소리라고 합니다.

앞글자의 받침 'ㅎ' 뒤에 'ㄱ, ㄷ, ㅈ'이 오면 'ㅎ'의 성질이
뒷글자의 첫소리와 합쳐져 [ㅋ, ㅌ, ㅊ]으로 발음됩니다.
또한 앞글자의 받침 'ㄱ, ㄷ, ㅂ, ㅅ, ㅈ' 뒤에 'ㅎ'이 오면
역시 거센소리인 [ㅋ, ㅌ, ㅍ, ㅊ]으로 소리 납니다.
이러한 현상을 숨이 거세게 나온다고 해서 거센소리되기라고 합니다.

 넣고   [너코]

'ㅎ' 받침 때문에 뒷글자의 첫소리가 [ㅋ]으로 소리 나요.

 닿다   [다타]

'ㅎ' 받침 때문에 뒷글자의 첫소리가 [ㅌ]으로 소리 나요.

 파랗지 [파라치]

'ㅎ' 받침 때문에 뒷글자의 첫소리가 [ㅊ]으로 소리 나요.

 좋다   [조타]

'ㅎ' 받침 때문에 뒷글자의 첫소리가 [ㅌ]으로 소리 나요.

**식혜** [시케]

'ㄱ' 받침과 뒷글자의 첫소리 'ㅎ'이 만나서 [ㅋ]으로 소리 나요.

 **맏형** [마텽]

'ㄷ' 받침과 뒷글자의 첫소리 'ㅎ'이 만나서 [ㅌ]으로 소리 나요.

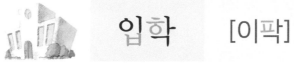 **입학** [이팍]

'ㅂ' 받침과 뒷글자의 첫소리 'ㅎ'이 만나서 [ㅍ]으로 소리 나요.

 **못하다** [모타다]

'ㅅ' 받침과 뒷글자의 첫소리 'ㅎ'이 만나서 [ㅌ]으로 소리 나요.

 **젖히다** [저치다]

'ㅈ' 받침과 뒷글자의 첫소리 'ㅎ'이 만나서 [ㅊ]으로 소리 나요.

 다음 낱말을 소리 내어 읽고 빈칸에 써 보세요.

| 넣 | 고 |
|---|---|
| 넣 | 고 |
|  |  |
|  |  |
|  |  |

| 닿 | 다 |
|---|---|
| 닿 | 다 |
|  |  |
|  |  |
|  |  |

| 파 | 랗 | 지 |
|---|---|---|
| 파 | 랗 | 지 |
|  |  |  |
|  |  |  |
|  |  |  |

| 어 | 떻 | 게 |
|---|---|---|
| 어 | 떻 | 게 |
|  |  |  |
|  |  |  |
|  |  |  |

 다음 낱말을 소리 내어 읽고 빈칸에 써 보세요.

| 좋 | 다 |
|---|---|
| 좋 | 다 |
|  |  |
|  |  |
|  |  |
|  |  |

| 벌 | 겋 | 다 |
|---|---|---|
| 벌 | 겋 | 다 |
|  |  |  |
|  |  |  |
|  |  |  |
|  |  |  |

| 놓 | 지 |
|---|---|
| 놓 | 지 |
|  |  |
|  |  |
|  |  |
|  |  |

| 사 | 이 | 좋 | 게 |
|---|---|---|---|
| 사 | 이 | 좋 | 게 |
|  |  |  |  |
|  |  |  |  |
|  |  |  |  |
|  |  |  |  |

 다음 낱말을 소리 내어 읽고 빈칸에 써 보세요.

| 국 | 화 |
|---|---|
| 국 | 화 |
|  |  |
|  |  |
|  |  |
|  |  |

| 입 | 학 |
|---|---|
| 입 | 학 |
|  |  |
|  |  |
|  |  |
|  |  |

| 식 | 혜 |
|---|---|
| 식 | 혜 |
|  |  |
|  |  |
|  |  |
|  |  |

| 맏 | 형 |
|---|---|
| 맏 | 형 |
|  |  |
|  |  |
|  |  |
|  |  |

 다음 낱말을 소리 내어 읽고 빈칸에 써 보세요.

| 급 | 하 | 다 |
|---|---|---|
| 급 | 하 | 다 |
|  |  |  |
|  |  |  |
|  |  |  |
|  |  |  |

| 시 | 작 | 하 | 다 |
|---|---|---|---|
| 시 | 작 | 하 | 다 |
|  |  |  |  |
|  |  |  |  |
|  |  |  |  |
|  |  |  |  |

| 못 | 하 | 다 |
|---|---|---|
| 못 | 하 | 다 |
|  |  |  |
|  |  |  |
|  |  |  |
|  |  |  |

| 젖 | 히 | 다 |
|---|---|---|
| 젖 | 히 | 다 |
|  |  |  |
|  |  |  |
|  |  |  |
|  |  |  |

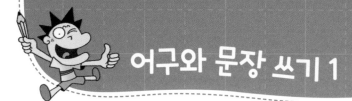 
 다음 글을 소리 내어 읽고 빈칸에 써 보세요.

| 연 | 필 | 을 | | 넣 | 고 |
|---|---|---|---|---|---|
| 연 | 필 | 을 | | 넣 | 고 |
| | | | | | |
| | | | | | |

| 발 | 이 | | 닿 | 지 | | 않 | 아 | 서 |
|---|---|---|---|---|---|---|---|---|
| 발 | 이 | | 닿 | 지 | | 않 | 아 | 서 |
| | | | | | | | | |
| | | | | | | | | |

| 이 | 렇 | 게 | | 할 | 까 | 요 | ? |
|---|---|---|---|---|---|---|---|
| 이 | 렇 | 게 | | 할 | 까 | 요 | ? |
| | | | | | | | |
| | | | | | | | |

 다음 글을 소리 내어 읽고 빈칸에 써 보세요.

| 경 | 치 | 가 |  | 좋 | 다 | . |
|---|---|---|---|---|---|---|
| 경 | 치 | 가 |  | 좋 | 다 | . |
|  |  |  |  |  |  |  |
|  |  |  |  |  |  |  |

| 얼 | 굴 | 이 |  | 빨 | 갛 | 게 |  | 변 | 하 | 여 |
|---|---|---|---|---|---|---|---|---|---|---|
| 얼 | 굴 | 이 |  | 빨 | 갛 | 게 |  | 변 | 하 | 여 |
|  |  |  |  |  |  |  |  |  |  |  |
|  |  |  |  |  |  |  |  |  |  |  |

| 정 | 신 | 을 |  | 놓 | 지 |  | 마 | 라 | . |
|---|---|---|---|---|---|---|---|---|---|
| 정 | 신 | 을 |  | 놓 | 지 |  | 마 | 라 | . |
|  |  |  |  |  |  |  |  |  |  |
|  |  |  |  |  |  |  |  |  |  |

 다음 글을 소리 내어 읽고 빈칸에 써 보세요.

| 마 | 당 | 에 | | 국 | 화 | 가 |
|---|---|---|---|---|---|---|
| 마 | 당 | 에 | | 국 | 화 | 가 |
| | | | | | | |
| | | | | | | |

| 학 | 교 | 에 | | 입 | 학 | 하 | 다 | . |
|---|---|---|---|---|---|---|---|---|
| 학 | 교 | 에 | | 입 | 학 | 하 | 다 | . |
| | | | | | | | | |
| | | | | | | | | |

| 생 | 일 | | 축 | 하 | 해 | . |
|---|---|---|---|---|---|---|
| 생 | 일 | | 축 | 하 | 해 | . |
| | | | | | | |
| | | | | | | |

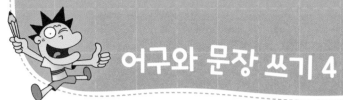 
 다음 글을 소리 내어 읽고 빈칸에 써 보세요.

| 뿌 | 리 | 째 |  | 뽑 | 혀 |
|---|---|---|---|---|---|
| 뿌 | 리 | 째 |  | 뽑 | 혀 |
|  |  |  |  |  |  |
|  |  |  |  |  |  |

| 깨 | 끗 | 이 |  | 목 | 욕 | 하 | 다 | . |
|---|---|---|---|---|---|---|---|---|
| 깨 | 끗 | 이 |  | 목 | 욕 | 하 | 다 | . |
|  |  |  |  |  |  |  |  |  |
|  |  |  |  |  |  |  |  |  |

| 문 | 이 |  | 닫 | 힌 |  | 뒤 | 에 |
|---|---|---|---|---|---|---|---|
| 문 | 이 |  | 닫 | 힌 |  | 뒤 | 에 |
|  |  |  |  |  |  |  |  |
|  |  |  |  |  |  |  |  |

 1. 다음 그림에 알맞은 낱말을 선으로 이으세요.

❶

❷

❸

㉠ 식혜

㉡ 사이좋게

㉢ 국화

 2. 다음 그림에 알맞은 낱말에 ○표를 하세요.

❶  이 문제는 ( 어떡해 / 어떻게 ) 풀어야 하나요?

❷  아빠가 술에 취해 얼굴이 ( 벌겋다. / 벌거다. )

❸  고개를 뒤로 ( 젓히다. / 젖히다. )

3. 보기에서 알맞은 낱말을 찾아 빈칸에 쓰세요.

[보기] 입학 축하 국화 식혜 맏형 젖히다 벌겋다 사이좋게

❶ ☐☐ 는 가을에 피는 꽃으로 대국, 중국, 소국으로 나뉩니다.

❷ 공부하기 위해 학교에 들어가는 것을 ☐☐ 이라고 합니다.

❸ ☐☐ 은 형이 둘 이상일 때 맏이인 형을 이르는 말입니다.

❹ 남의 좋은 일을 기뻐하고 즐거워할 때 ☐☐ 한다고 합니다.

❺ ☐☐ 는 전통 음료로 엿기름, 쌀밥, 설탕 등으로 만듭니다.

❻ 사물이나 빛이 어둡고 연하게 붉은 것을 ☐☐☐ 고 합니다.

❼ ☐☐☐☐ 는 서로 정답고 친밀한 것을 이르는 말입니다.

❽ 고개를 뒤쪽으로 기울게 하는 것을 ☐☐☐ 라고 합니다.

 4. 문제를 읽고 알맞은 낱말을 찾아 빈칸에 바르게 옮겨 쓰세요.

❶ 보통 열차보다 속도가 빠른 열차는 무엇인가요?
① 그팽     ② 급행

❷ "○○ 먹는 밥이 목이 멘다."에 알맞은 말은
무엇인가요?
① 급히     ② 그피

❸ 역할을 담당하여 연기하는 극은 무엇인가요?
① 역칼극     ② 여칼극     ③ 역할극

❹ 물건과 물건이 맞붙어 빈틈이 없게 되는 것은?
① 닿다     ② 다타

❺ "정신을 ○○ 마라."에 알맞은 말은 무엇인가요?
① 놓치     ② 놓지

❻ 어떤 일을 할 능력이 없는 것은 무엇인가요?
① 모타다     ② 몬하다     ③ 못하다

❼ "엄마가 아이에게 옷을 ○○○."에 알맞은 말은
무엇인가요?
① 잎히다     ② 입히다     ③ 이피다

❽ 어떤 일을 해 달라고 청하거나 맡기는 것은?
① 부탁하다     ② 부타카다     ③ 부탁카다

5. 왼쪽 ☐ 안의 틀린 글자를 찾아, 오른쪽 빈칸에 바르게 쓰세요.

틀린 글자 찾기 　　　바르게 고쳐 쓰기

❶ 발이 다 치 않아서 　　발이 ☐☐ 않아서

❷ 연필을 서랍에 너 코 　　연필을 서랍에 ☐☐

❸ 얼굴이 빨 가 케 변하여 　　얼굴이 ☐☐☐ 변하여

❹ 초등학교에 이 팍 하다. 　　초등학교에 ☐☐ 하다.

❺ 나무가 뿌리채 뽀 펴 　　나무가 뿌리채 ☐☐

❻ 새싹이 파 라 케 돋아났다. 　　새싹이 ☐☐☐ 돋아났다.

❼ 사 이 조 케 지내렴. 　　☐☐☐☐ 지내렴.

❽ 문이 다 친 뒤에 　　문이 ☐☐ 뒤에

# 13단계
# 받침의 표기와 소리가 다른 글자

'부엌'에서 받침 'ㅋ'은 [ㄱ]으로 소리가 나고,
'다섯'에서 받침 'ㅅ'은 [ㄷ]으로 소리가 난답니다.
한글에서 받침은 [ㄱ, ㄴ, ㄷ, ㄹ, ㅁ, ㅂ, ㅇ]
7개로만 소리가 나기 때문이죠.

 낱말 쓰기 1

 다음 낱말을 소리 내어 읽고 빈칸에 써 보세요.

| 잎 |
|---|
| 잎 |
|  |
|  |
|  |

| 무 | 릎 |
|---|---|
| 무 | 릎 |
|  |  |
|  |  |
|  |  |

| 옆 | 선 |
|---|---|
| 옆 | 선 |
|  |  |
|  |  |
|  |  |

| 키 | 읔 |
|---|---|
| 키 | 읔 |
|  |  |
|  |  |
|  |  |

 다음 낱말을 소리 내어 읽고 빈칸에 써 보세요.

| 부 | 억 |
|---|---|
| 부 | 억 |
|   |   |
|   |   |
|   |   |
|   |   |

| 헝 | 겊 |
|---|---|
| 헝 | 겊 |
|   |   |
|   |   |
|   |   |
|   |   |

| 남 | 녘 |
|---|---|
| 남 | 녘 |
|   |   |
|   |   |
|   |   |
|   |   |

| 단 | 풍 | 잎 |
|---|---|---|
| 단 | 풍 | 잎 |
|   |   |   |
|   |   |   |
|   |   |   |
|   |   |   |

 다음 낱말을 소리 내어 읽고 빈칸에 써 보세요.

| 깊 | 다 |
|---|---|
| 깊 | 다 |
|  |  |
|  |  |
|  |  |
|  |  |

| 묶 | 다 |
|---|---|
| 묶 | 다 |
|  |  |
|  |  |
|  |  |
|  |  |

| 닦 | 다 |
|---|---|
| 닦 | 다 |
|  |  |
|  |  |
|  |  |
|  |  |

| 깎 | 다 |
|---|---|
| 깎 | 다 |
|  |  |
|  |  |
|  |  |
|  |  |

 다음 낱말을 소리 내어 읽고 빈칸에 써 보세요.

| 옷 |
|---|
| 옷 |
|  |
|  |
|  |
|  |

| 여 | 섯 |
|---|---|
| 여 | 섯 |
|  |  |
|  |  |
|  |  |
|  |  |

| 젓 | 가 | 락 |
|---|---|---|
| 젓 | 가 | 락 |
|  |  |  |
|  |  |  |
|  |  |  |
|  |  |  |

| 빚 | 다 |
|---|---|
| 빚 | 다 |
|  |  |
|  |  |
|  |  |
|  |  |

 다음 낱말을 소리 내어 읽고 빈칸에 써 보세요.

| 대 | 낮 |
|---|---|
| 대 | 낮 |
|  |  |
|  |  |
|  |  |

| 닻 |
|---|
| 닻 |
|  |
|  |
|  |

| 돛 | 단 | 배 |
|---|---|---|
| 돛 | 단 | 배 |
|  |  |  |
|  |  |  |
|  |  |  |

| 꽃 | 밭 |
|---|---|
| 꽃 | 밭 |
|  |  |
|  |  |
|  |  |

 다음 낱말을 소리 내어 읽고 빈칸에 써 보세요.

| 배 | 추 | 밭 |
|---|---|---|
| 배 | 추 | 밭 |
| | | |
| | | |
| | | |
| | | |

| 가 | 마 | 솥 |
|---|---|---|
| 가 | 마 | 솥 |
| | | |
| | | |
| | | |
| | | |

| 팥 |
|---|
| 팥 |
| |
| |
| |
| |

| 햇 | 볕 |
|---|---|
| 햇 | 볕 |
| | |
| | |
| | |
| | |

45

 다음 글을 소리 내어 읽고 빈칸에 써 보세요.

| 숲 | 속 | | 오 | 두 | 막 |
|---|---|---|---|---|---|
| 숲 | 속 | | 오 | 두 | 막 |
| | | | | | |
| | | | | | |

| 학 | 교 | | 앞 | | 문 | 방 | 구 |
|---|---|---|---|---|---|---|---|
| 학 | 교 | | 앞 | | 문 | 방 | 구 |
| | | | | | | | |
| | | | | | | | |

| 무 | 릎 | 까 | 지 | | 내 | 려 | 온 | 다 | . |
|---|---|---|---|---|---|---|---|---|---|
| 무 | 릎 | 까 | 지 | | 내 | 려 | 온 | 다 | . |
| | | | | | | | | | |
| | | | | | | | | | |

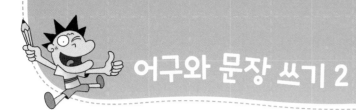
 다음 글을 소리 내어 읽고 빈칸에 써 보세요.

| 헝 | 겊 | 으 | 로 | | 만 | 든 |
|---|---|---|---|---|---|---|
| 헝 | 겊 | 으 | 로 | | 만 | 든 |
| | | | | | | |
| | | | | | | |

| 끈 | 을 | | 묶 | 었 | 어 | 요 | . |
|---|---|---|---|---|---|---|---|
| 끈 | 을 | | 묶 | 었 | 어 | 요 | . |
| | | | | | | | |
| | | | | | | | |

| 과 | 일 | 을 | | 깎 | 다 | . |
|---|---|---|---|---|---|---|
| 과 | 일 | 을 | | 깎 | 다 | . |
| | | | | | | |
| | | | | | | |

47

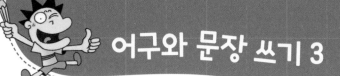 

 다음 글을 소리 내어 읽고 빈칸에 써 보세요.

| 젓 | 가 | 락 | 을 |   | 들 | 고 |
|---|---|---|---|---|---|---|
| 젓 | 가 | 락 | 을 |   | 들 | 고 |
|   |   |   |   |   |   |   |
|   |   |   |   |   |   |   |

| 세 |   | 살 |   | 버 | 릇 |   | 여 | 든 | 까 | 지 |
|---|---|---|---|---|---|---|---|---|---|---|
| 세 |   | 살 |   | 버 | 릇 |   | 여 | 든 | 까 | 지 |
|   |   |   |   |   |   |   |   |   |   |   |
|   |   |   |   |   |   |   |   |   |   |   |

| 야 | 채 | 를 |   | 볶 | 다 | 가 |
|---|---|---|---|---|---|---|
| 야 | 채 | 를 |   | 볶 | 다 | 가 |
|   |   |   |   |   |   |   |
|   |   |   |   |   |   |   |

 다음 글을 소리 내어 읽고 빈칸에 써 보세요.

| 낮 | 선 | | 동 | 네 | 에 | | 가 | 면 |
|---|---|---|---|---|---|---|---|---|
| 낮 | 선 | | 동 | 네 | 에 | | 가 | 면 |
| | | | | | | | | |
| | | | | | | | | |

| 운 | 동 | 장 | 에 | 서 | | 찾 | 았 | 다 | . |
|---|---|---|---|---|---|---|---|---|---|
| 운 | 동 | 장 | 에 | 서 | | 찾 | 았 | 다 | . |
| | | | | | | | | | |
| | | | | | | | | | |

| 햇 | 볕 | 이 | | 따 | 뜻 | 하 | 다 | . |
|---|---|---|---|---|---|---|---|---|
| 햇 | 볕 | 이 | | 따 | 뜻 | 하 | 다 | . |
| | | | | | | | | |
| | | | | | | | | |

# 13단계 평가

 **1. 다음 그림에 알맞은 낱말을 선으로 이으세요.**

❶

❷

❸

⊙ ㉠

ⓒ ㉡

ㄷ ㉢

헝겊

부엌

꽃밭

 **2. 다음 그림에 알맞은 낱말에 ○표를 하세요.**

❶  엄마를 도와 식탁을 ( 닦았어요. / 닥았어요. )

❷  ( 단풍닢 / 단풍잎 )이 빨갛게 물들었다.

❸  저녁에 만두를 ( 빗어 / 빚어 ) 먹었어요.

3. 보기에서 알맞은 낱말을 찾아 빈칸에 쓰세요.

[보기] 부엌 옆선 젓가락 깎다 헝겊 팥 여섯 대낮

❶ 음식을 집어 먹을 때 숟가락과 ⬜⬜⬜ 을 이용합니다.

❷ ⬜⬜ 은 음식을 만들고 설거지를 하는 공간입니다.

❸ 바지나 치마에 옆으로 난 줄은 ⬜⬜ 이라고 한다.

❹ ⬜⬜ 은 베나 비단 따위의 조각입니다.

❺ 과일의 껍질을 잘라 내는 것을 ⬜⬜ 라고 합니다.

❻ 콩 심은 데 콩 나고 ⬜ 심은 데 팥 난다.

❼ ⬜⬜ 은 환히 밝은 낮을 이르는 말입니다.

❽ 다섯에 하나를 더하면 ⬜⬜ 입니다.

# 13단계 평가

## 4. 문제를 읽고 알맞은 낱말을 찾아 빈칸에 바르게 옮겨 쓰세요.

❶ 풀과 나무의 가지나 줄기의 끝에 붙은
녹색 기관은?
① 잎     ② 입

❷ 꽃을 심어 가꾼 밭은 무엇인가요?
① 꼳빹     ② 꽃밭

❸ '풀다'의 반대말은 무엇인가요?
① 묶다     ② 묵다

❹ 송편이나 만두를 만드는 것은 무엇일까요?
① 빚다     ② 빗다

❺ 더러운 것을 없애거나 윤기를 내려고
문지르는 것은?
① 닥다     ② 닦다

❻ 해가 내리쬐는 뜨거운 기운은 무엇인가요?
① 햇볕     ② 해뼏

❼ 돛을 단 배는 무엇인가요?
① 돋딴배     ② 돛단배     ③ 돛딴배

❽ 늦가을에 붉거나 누렇게 변한 나뭇잎은?
① 단푼잎     ② 단풍닢     ③ 단풍잎

5. 왼쪽 ☐ 안의 틀린 글자를 찾아, 오른쪽 빈칸에 바르게 쓰세요.

| 틀린 글자 찾기 | 바르게 고쳐 쓰기 |
|---|---|

❶ 숩 속 오두막     ☐ 속 오두막

❷ 무릅 까지 내려온다.     ☐☐ 까지 내려온다.

❸ 끈으로 머리를 묵다.     끈으로 머리를 ☐☐.

❹ 낫선 동네에 가면     ☐☐ 동네에 가면

❺ 세 살 버릇 여든까지     세 살 ☐☐ 여든까지

❻ 젓가락 으로 야채를 복다.     ☐☐☐ 으로 야채를 ☐☐.

❼ 마당에 가마솟을 내걸고     마당에 ☐☐☐을 내걸고

❽ 핸볕이 내리쬐는 꼳밭     ☐☐이 내리쬐는 ☐☐

# 14단계
# 자음의 발음이 닮아가는 글자

'학년'은 [항년], '입맛'은 [임맏], '난로'는 [날로]로 읽어요.
'ㄱ' 받침 뒤에 첫소리로 'ㄴ'이 오면 [ㅇ]으로 발음하고
'ㅅ' 받침 뒤에 첫소리로 'ㅁ'이 오면 [ㅁ]으로 발음하고
'ㄴ' 받침 뒤에 첫소리로 'ㄹ'이 오면 [ㄹ]로 발음하네요.
조금 어렵지만 따라 쓰다 보면 알게 될 거예요.

자음동화는 자음의 발음이 서로 닮아가는 것을 말합니다.
어느 한쪽이 다른 쪽을 닮아서 그와 비슷하거나 같은 소리로
바뀌기도 하고, 양쪽이 서로 닮아서 두 소리가 다 바뀌기도 합니다.
어떨 때 이런 현상이 나타나는지 다음을 살펴보세요.

**막내** [망내]

'ㄱ' 받침과 뒷글자의 첫소리 'ㄴ'이 만나 서로 소리가 닮아가요.

**석류** [성뉴]

'ㄱ' 받침과 뒷글자의 첫소리 'ㄹ'이 만나 서로 소리가 닮아가요.

**볶는다** [봉는다]

'ㄲ' 받침과 뒷글자의 첫소리 'ㄴ'이 만나 서로 소리가 닮아가요.

**빗물** [빈물]

'ㅅ' 받침과 뒷글자의 첫소리 'ㅁ'이 만나 서로 소리가 닮아가요.

짖는 [진는]

'ㅈ' 받침과 뒷글자의 첫소리 'ㄴ'이 만나 서로 소리가 닮아가요.

 앞머리 [암머리]

'ㅍ' 받침과 뒷글자의 첫소리 'ㅁ'이 만나 서로 소리가 닮아가요.

 난로 [날로]

'ㄴ' 받침과 뒷글자의 첫소리 'ㄹ'이 만나 서로 소리가 닮아가요.

 줄넘기 [줄럼끼]

'ㄹ' 받침과 뒷글자의 첫소리 'ㄴ'이 만나 서로 소리가 닮아가요.

 대통령 [대통녕]

'ㅇ' 받침과 뒷글자의 첫소리 'ㄹ'이 만나 서로 소리가 닮아가요.

# 낱말 쓰기 1

 다음 낱말을 소리 내어 읽고 빈칸에 써 보세요.

| 학 | 년 |
|---|---|
| 학 | 년 |
| | |
| | |
| | |
| | |

| 국 | 물 |
|---|---|
| 국 | 물 |
| | |
| | |
| | |
| | |

| 막 | 내 |
|---|---|
| 막 | 내 |
| | |
| | |
| | |
| | |

| 속 | 눈 | 썹 |
|---|---|---|
| 속 | 눈 | 썹 |
| | | |
| | | |
| | | |
| | | |

 다음 낱말을 소리 내어 읽고 빈칸에 써 보세요.

| 부 | 억 | 문 |
|---|---|---|
| 부 | 억 | 문 |
| | | |
| | | |
| | | |

| 먹 | 는 | 다 |
|---|---|---|
| 먹 | 는 | 다 |
| | | |
| | | |
| | | |

| 볶 | 는 | 다 |
|---|---|---|
| 볶 | 는 | 다 |
| | | |
| | | |
| | | |

| 닦 | 는 | 다 |
|---|---|---|
| 닦 | 는 | 다 |
| | | |
| | | |
| | | |

 다음 낱말을 소리 내어 읽고 빈칸에 써 보세요.

| 석 | 류 |
|---|---|
| 석 | 류 |
| | |
| | |
| | |
| | |

| 속 | 력 |
|---|---|
| 속 | 력 |
| | |
| | |
| | |
| | |

| 첫 | 눈 |
|---|---|
| 첫 | 눈 |
| | |
| | |
| | |
| | |

| 빗 | 물 |
|---|---|
| 빗 | 물 |
| | |
| | |
| | |
| | |

## 낱말 쓰기 4

18일차

 다음 낱말을 소리 내어 읽고 빈칸에 써 보세요.

| 믿 | 는 | 다 |
|---|---|---|
| 믿 | 는 | 다 |
| | | |
| | | |
| | | |
| | | |

| 낱 | 말 |
|---|---|
| 낱 | 말 |
| | |
| | |
| | |
| | |

| 꽃 | 무 | 늬 |
|---|---|---|
| 꽃 | 무 | 늬 |
| | | |
| | | |
| | | |
| | | |

| 불 | 꽃 | 놀 | 이 |
|---|---|---|---|
| 불 | 꽃 | 놀 | 이 |
| | | | |
| | | | |
| | | | |
| | | | |

 다음 낱말을 소리 내어 읽고 빈칸에 써 보세요.

| 짖 | 는 |
|---|---|
| 짖 | 는 |
| | |
| | |
| | |
| | |

| 입 | 맛 |
|---|---|
| 입 | 맛 |
| | |
| | |
| | |
| | |

| 법 | 률 |
|---|---|
| 법 | 률 |
| | |
| | |
| | |

| 앞 | 머 | 리 |
|---|---|---|
| 앞 | 머 | 리 |
| | | |
| | | |
| | | |

 다음 낱말을 소리 내어 읽고 빈칸에 써 보세요.

| 난 | 로 |
|---|---|
| 난 | 로 |
|  |  |
|  |  |
|  |  |

| 인 | 력 | 거 |
|---|---|---|
| 인 | 력 | 거 |
|  |  |  |
|  |  |  |
|  |  |  |

| 설 | 날 |
|---|---|
| 설 | 날 |
|  |  |
|  |  |
|  |  |

| 훈 | 련 |
|---|---|
| 훈 | 련 |
|  |  |
|  |  |
|  |  |

# 낱말 쓰기 7

 다음 낱말을 소리 내어 읽고 빈칸에 써 보세요.

| 달 | 님 |
|---|---|
| 달 | 님 |
| | |
| | |
| | |

| 줄 | 넘 | 기 |
|---|---|---|
| 줄 | 넘 | 기 |
| | | |
| | | |
| | | |

| 침 | 략 |
|---|---|
| 침 | 략 |
| | |
| | |
| | |

| 음 | 료 | 수 |
|---|---|---|
| 음 | 료 | 수 |
| | | |
| | | |
| | | |

# 낱말 쓰기 8

20일차

 다음 낱말을 소리 내어 읽고 빈칸에 써 보세요.

| 정 | 류 | 장 |
|---|---|---|
| 정 | 류 | 장 |
| | | |
| | | |
| | | |
| | | |

| 공 | 룡 |
|---|---|
| 공 | 룡 |
| | |
| | |
| | |
| | |

| 왕 | 릉 |
|---|---|
| 왕 | 릉 |
| | |
| | |
| | |
| | |

| 대 | 통 | 령 |
|---|---|---|
| 대 | 통 | 령 |
| | | |
| | | |
| | | |
| | | |

 다음 글을 소리 내어 읽고 빈칸에 써 보세요.

| 식 | 목 | 일 | 에 | | 나 | 무 | 를 |
|---|---|---|---|---|---|---|---|
| 식 | 목 | 일 | 에 | | 나 | 무 | 를 |
| | | | | | | | |
| | | | | | | | |

| 부 | 엌 | 문 | 을 | | 열 | 어 | 요 | . |
|---|---|---|---|---|---|---|---|---|
| 부 | 엌 | 문 | 을 | | 열 | 어 | 요 | . |
| | | | | | | | | |
| | | | | | | | | |

| 긴 | | 머 | 리 | 를 | | 묶 | 는 | 다 | . |
|---|---|---|---|---|---|---|---|---|---|
| 긴 | | 머 | 리 | 를 | | 묶 | 는 | 다 | . |
| | | | | | | | | | |
| | | | | | | | | | |

 다음 글을 소리 내어 읽고 빈칸에 써 보세요.

| 목 | 마 | 와 |  | 숙 | 녀 |
|---|---|---|---|---|---|
| 목 | 마 | 와 |  | 숙 | 녀 |
|  |  |  |  |  |  |
|  |  |  |  |  |  |

| 첫 | 눈 | 이 |  | 내 | 려 | 요 | . |
|---|---|---|---|---|---|---|---|
| 첫 | 눈 | 이 |  | 내 | 려 | 요 | . |
|  |  |  |  |  |  |  |  |
|  |  |  |  |  |  |  |  |

| 속 | 력 | 이 |  | 너 | 무 |  | 빨 | 라 | . |
|---|---|---|---|---|---|---|---|---|---|
| 속 | 력 | 이 |  | 너 | 무 |  | 빨 | 라 | . |
|  |  |  |  |  |  |  |  |  |  |
|  |  |  |  |  |  |  |  |  |  |

다음 글을 소리 내어 읽고 빈칸에 써 보세요.

| 낱 | 말 | | 쓰 | 기 |
|---|---|---|---|---|
| 낱 | 말 | | 쓰 | 기 |
| | | | | |
| | | | | |

| 아 | 장 | 아 | 장 | | 걷 | 는 | | 아 | 기 |
|---|---|---|---|---|---|---|---|---|---|
| 아 | 장 | 아 | 장 | | 걷 | 는 | | 아 | 기 |
| | | | | | | | | | |
| | | | | | | | | | |

| 불 | 꽃 | 놀 | 이 | | 구 | 경 | 하 | 러 |
|---|---|---|---|---|---|---|---|---|
| 불 | 꽃 | 놀 | 이 | | 구 | 경 | 하 | 러 |
| | | | | | | | | |
| | | | | | | | | |

 다음 글을 소리 내어 읽고 빈칸에 써 보세요.

| 앞 | 머 | 리 | 를 |  | 내 | 렸 | 다 | . |
|---|---|---|---|---|---|---|---|---|
| 앞 | 머 | 리 | 를 |  | 내 | 렸 | 다 | . |
|  |  |  |  |  |  |  |  |  |
|  |  |  |  |  |  |  |  |  |

| 설 | 날 | 에 | 는 |  | 떡 | 국 | 을 |
|---|---|---|---|---|---|---|---|
| 설 | 날 | 에 | 는 |  | 떡 | 국 | 을 |
|  |  |  |  |  |  |  |  |
|  |  |  |  |  |  |  |  |

| 여 | 름 | 에 |  | 물 | 놀 | 이 | 를 |  | 가 | 면 |
|---|---|---|---|---|---|---|---|---|---|---|
| 여 | 름 | 에 |  | 물 | 놀 | 이 | 를 |  | 가 | 면 |
|  |  |  |  |  |  |  |  |  |  |  |
|  |  |  |  |  |  |  |  |  |  |  |

 다음 글을 소리 내어 읽고 빈칸에 써 보세요.

| 편 | 리 | 한 | | 물 | 건 |
|---|---|---|---|---|---|
| 편 | 리 | 한 | | 물 | 건 |
| | | | | | |
| | | | | | |

| 달 | 님 | 과 | | 별 | 님 |
|---|---|---|---|---|---|
| 달 | 님 | 과 | | 별 | 님 |
| | | | | | |
| | | | | | |

| 경 | 기 | 에 | 서 | | 승 | 리 | 한 |
|---|---|---|---|---|---|---|---|
| 경 | 기 | 에 | 서 | | 승 | 리 | 한 |
| | | | | | | | |
| | | | | | | | |

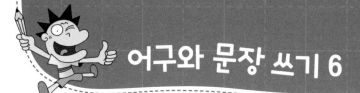

# 어구와 문장 쓰기 6

 다음 글을 소리 내어 읽고 빈칸에 써 보세요.

| 공 | 룡 | 이 |  | 살 | 던 |  | 시 | 대 |
|---|---|---|---|---|---|---|---|---|
| 공 | 룡 | 이 |  | 살 | 던 |  | 시 | 대 |
|  |  |  |  |  |  |  |  |  |
|  |  |  |  |  |  |  |  |  |

| 우 | 리 | 나 | 라 | 를 |  | 침 | 략 | 한 |
|---|---|---|---|---|---|---|---|---|
| 우 | 리 | 나 | 라 | 를 |  | 침 | 략 | 한 |
|  |  |  |  |  |  |  |  |  |
|  |  |  |  |  |  |  |  |  |

| 정 | 류 | 장 | 에 | 서 |  | 기 | 다 | 려 | . |
|---|---|---|---|---|---|---|---|---|---|
| 정 | 류 | 장 | 에 | 서 |  | 기 | 다 | 려 | . |
|  |  |  |  |  |  |  |  |  |  |
|  |  |  |  |  |  |  |  |  |  |

71

# 14단계 평가

 **1. 다음 그림에 알맞은 낱말을 선으로 이으세요.**

❶

❷

❸

ㄱ

꽃무늬

ㄴ

정류장

ㄷ

국물

 **2. 다음 그림에 알맞은 낱말에 ○표를 하세요.**

❶  식용유를 두르고 재빨리 ( 볶는다. / 복는다. )

❷  개 ( 짓는 / 짖는 ) 소리가 들려요.

❸  미장원에서 ( 압머리 / 앞머리 )를 잘랐어요.

3. 보기에서 알맞은 낱말을 찾아 빈칸에 쓰세요.

[보기] 낱말 설날 첫눈 막내 난로 불꽃놀이 음료수 빗물

❶ ☐☐ 는 여러 형제자매 중 맨 마지막으로 태어난 사람입니다.

❷ 그해 겨울 처음으로 내리는 눈을 ☐☐ 이라고 합니다.

❸ ☐☐ 은 단어와 같은 말로 분리하여 자립적으로 쓸 수 있습니다.

❹ 명절의 하나로 정월 초하룻날을 ☐☐ 이라고 합니다.

❺ ☐☐ 는 열을 내어 방 안의 온도를 올리는 기구이다.

❻ 비가 내려 괸 물을 ☐☐ 이라고 합니다.

❼ 주스나 탄산수 따위의 마실 것을 ☐☐☐ 라고 합니다.

❽ ☐☐☐☐ 는 기념 행사 때 공중으로 화포를 쏘아 불꽃이

일어나게 하는 놀이입니다.

 4. 문제를 읽고 알맞은 낱말을 찾아 빈칸에 바르게 옮겨 쓰세요.

❶ '달'을 사람에 비유하여 높여 이르는 말은?
　① 달님　　② 달림

❷ "3월에 새 ○○이 시작된다."에 알맞은 말은
　무엇인가?
　① 학년　　② 항년

❸ 음식을 먹을 때 입으로 느끼는 맛은?
　① 임맏　　② 입맛

❹ 재주를 배우거나 익히기 위해 되풀이해서
　연습하는 것은?
　① 훈련　　② 훌련

❺ 사람이 끄는 바퀴가 두 개 달린 수레는?
　① 일력꺼　　② 인력꺼　　③ 인력거

❻ 버스가 사람을 태우고 내리게 하기 위해
　멈추는 일정한 장소는?
　① 정류장　　② 정뉴장　　③ 전류장

❼ 부엌으로 드나드는 문은 무엇인가요?
　① 부억문　　② 부엌문　　③ 부엉문

❽ 꽃모양을 띈 무늬는 무엇인가요?
　① 꽃무니　　② 꼰무니　　③ 꽃무늬

5. 왼쪽 ☐ 안의 틀린 글자를 찾아, 오른쪽 빈칸에 바르게 쓰세요.

틀린 글자 찾기        바르게 고쳐 쓰기

❶ 매일 │줄│럼│끼│를 한다.      매일 │ │ │ │를 한다.

❷ │송│눈│썹│의 길이가 길어서      │ │ │ │의 길이가 길어서

❸ 가장 빠른 │송│녁│      가장 빠른 │ │ │

❹ 어려운 │난│말│을 찾아보다.      어려운 │ │ │을 찾아보다.

❺ │암│머│리│를 자르고      │ │ │ │를 자르고

❻ │설│랄│ 아침 │천│눈│이 내렸다.      │ │ │ 아침 │ │ │이 내렸다.

❼ │공│뇽│이 살던 시대      │ │ │이 살던 시대

❽ │음│뇨│수│를 │멍│는│다│.      │ │ │ │를 │ │ │ │.

# 15단계
# 발음이 같아서 헷갈리는 글자

'편지를 부치다'와 '우표를 붙이다'에서
'부치다'와 '붙이다'는 모두 [부치다]로 발음해요.
이렇게 발음이 같을 때는 앞뒤 상황을 보고
어떤 단어를 쓰는 게 좋은지 생각해 봐야 해요.
15단계에서는 발음이 같아서
헷갈리는 글자를 배워 봅시다.

 다음 낱말을 소리 내어 읽고 빈칸에 써 보세요.

| 거 | 름 |
|---|---|
| 거 | 름 |
|  |  |
|  |  |
|  |  |

| 걸 | 음 |
|---|---|
| 걸 | 음 |
|  |  |
|  |  |
|  |  |

| 다 | 리 | 다 |
|---|---|---|
| 다 | 리 | 다 |
|  |  |  |
|  |  |  |
|  |  |  |

| 달 | 이 | 다 |
|---|---|---|
| 달 | 이 | 다 |
|  |  |  |
|  |  |  |
|  |  |  |

 다음 낱말을 소리 내어 읽고 빈칸에 써 보세요.

| 느 | 리 | 다 |
|---|---|---|
| 느 | 리 | 다 |
| | | |
| | | |
| | | |
| | | |

| 늘 | 이 | 다 |
|---|---|---|
| 늘 | 이 | 다 |
| | | |
| | | |
| | | |
| | | |

| 다 | 치 | 다 |
|---|---|---|
| 다 | 치 | 다 |
| | | |
| | | |
| | | |
| | | |

| 닫 | 히 | 다 |
|---|---|---|
| 닫 | 히 | 다 |
| | | |
| | | |
| | | |
| | | |

 다음 낱말을 소리 내어 읽고 빈칸에 써 보세요.

| 반 | 드 | 시 |
|---|---|---|
| 반 | 드 | 시 |
|  |  |  |
|  |  |  |
|  |  |  |
|  |  |  |

| 반 | 듯 | 이 |
|---|---|---|
| 반 | 듯 | 이 |
|  |  |  |
|  |  |  |
|  |  |  |
|  |  |  |

| 부 | 치 | 다 |
|---|---|---|
| 부 | 치 | 다 |
|  |  |  |
|  |  |  |
|  |  |  |
|  |  |  |

| 붙 | 이 | 다 |
|---|---|---|
| 붙 | 이 | 다 |
|  |  |  |
|  |  |  |
|  |  |  |
|  |  |  |

 다음 낱말을 소리 내어 읽고 빈칸에 써 보세요.

| 마 | 치 | 다 |
|---|---|---|
| 마 | 치 | 다 |
|  |  |  |
|  |  |  |
|  |  |  |

| 맞 | 히 | 다 |
|---|---|---|
| 맞 | 히 | 다 |
|  |  |  |
|  |  |  |
|  |  |  |

| 저 | 리 | 다 |
|---|---|---|
| 저 | 리 | 다 |
|  |  |  |
|  |  |  |
|  |  |  |

| 절 | 이 | 다 |
|---|---|---|
| 절 | 이 | 다 |
|  |  |  |
|  |  |  |
|  |  |  |

 다음 글을 소리 내어 읽고 빈칸에 써 보세요.

| 밭 | 에 |  | 거 | 름 | 을 |  | 주 | 다 | . |
|---|---|---|---|---|---|---|---|---|---|
| 밭 | 에 |  | 거 | 름 | 을 |  | 주 | 다 | . |
|  |  |  |  |  |  |  |  |  |  |
|  |  |  |  |  |  |  |  |  |  |

| 엄 | 마 | 는 |  | 걸 | 음 | 이 |  | 느 | 리 | 다 | . |
|---|---|---|---|---|---|---|---|---|---|---|---|
| 엄 | 마 | 는 |  | 걸 | 음 | 이 |  | 느 | 리 | 다 | . |
|  |  |  |  |  |  |  |  |  |  |  |  |
|  |  |  |  |  |  |  |  |  |  |  |  |

| 고 | 무 | 줄 | 을 |  | 늘 | 이 | 다 | . |
|---|---|---|---|---|---|---|---|---|
| 고 | 무 | 줄 | 을 |  | 늘 | 이 | 다 | . |
|  |  |  |  |  |  |  |  |  |
|  |  |  |  |  |  |  |  |  |

 다음 글을 소리 내어 읽고 빈칸에 써 보세요.

| 한 | 약 | 을 |   | 달 | 인 | 다 | . |
|---|---|---|---|---|---|---|---|
| 한 | 약 | 을 |   | 달 | 인 | 다 | . |
|   |   |   |   |   |   |   |   |
|   |   |   |   |   |   |   |   |

| 동 | 생 | 이 |   | 다 | 쳤 | 다 | . |
|---|---|---|---|---|---|---|---|
| 동 | 생 | 이 |   | 다 | 쳤 | 다 | . |
|   |   |   |   |   |   |   |   |
|   |   |   |   |   |   |   |   |

| 학 | 교 |   | 문 | 이 |   | 닫 | 혔 | 다 | . |
|---|---|---|---|---|---|---|---|---|---|
| 학 | 교 |   | 문 | 이 |   | 닫 | 혔 | 다 | . |
|   |   |   |   |   |   |   |   |   |   |
|   |   |   |   |   |   |   |   |   |   |

# 어구와 문장 쓰기 3

**28일차**

 다음 글을 소리 내어 읽고 빈칸에 써 보세요.

| 몸 | 을 |  | 반 | 듯 | 이 |  | 하 | 고 |
|---|---|---|---|---|---|---|---|---|
| 몸 | 을 |  | 반 | 듯 | 이 |  | 하 | 고 |
|  |  |  |  |  |  |  |  |  |
|  |  |  |  |  |  |  |  |  |

| 편 | 지 | 를 |  | 부 | 치 | 다 | . |
|---|---|---|---|---|---|---|---|
| 편 | 지 | 를 |  | 부 | 치 | 다 | . |
|  |  |  |  |  |  |  |  |
|  |  |  |  |  |  |  |  |

| 풀 | 로 |  | 우 | 표 | 를 |  | 붙 | 이 | 다 | . |
|---|---|---|---|---|---|---|---|---|---|---|
| 풀 | 로 |  | 우 | 표 | 를 |  | 붙 | 이 | 다 | . |
|  |  |  |  |  |  |  |  |  |  |  |
|  |  |  |  |  |  |  |  |  |  |  |

 다음 글을 소리 내어 읽고 빈칸에 써 보세요.

| 공 | 부 | 를 | | 마 | 치 | 고 |
|---|---|---|---|---|---|---|
| 공 | 부 | 를 | | 마 | 치 | 고 |
| | | | | | | |
| | | | | | | |

| 과 | 녘 | 을 | | 맞 | 히 | 고 |
|---|---|---|---|---|---|---|
| 과 | 녘 | 을 | | 맞 | 히 | 고 |
| | | | | | | |
| | | | | | | |

| 다 | 리 | 가 | | 저 | 리 | 다 | . |
|---|---|---|---|---|---|---|---|
| 다 | 리 | 가 | | 저 | 리 | 다 | . |
| | | | | | | | |
| | | | | | | | |

# 15단계 평가

1. 다음 그림에 알맞은 낱말을 선으로 이으세요.

❶　　　　❷　　　　❸

.　　　　　　　.　　　　　　　.

ⓐㄱ　　　　　　ⓑㄴ　　　　　　ⓒㄷ

걸음　　　　　　부치다　　　　　맞히다

2. 다음 그림에 알맞은 낱말에 ○표를 하세요.

❶　다리미로 와이셔츠를 ( 다린다. / 달인다. )

❷　침대 위에 몸을 ( 반드시 / 반듯이 ) 하고 누워요.

❸　소금으로 배추를 ( 저린다. / 절인다. )

3. 보기에서 알맞은 낱말을 찾아 빈칸에 쓰세요.

[보기]  다리미  거름  늘이다  맞히다  마치다  걸음  절이다  반듯이

❶ 농작물이 잘 자라도록 흙에 주는 영양 물질을 　　　　 이라고 합니다.

❷ 　　　　　 는 구겨진 옷을 다릴 때 사용하는 도구입니다.

❸ 물건을 당겨서 원래보다 길게 하는 것은 　　　　　 입니다.

❹ 　　　　 은 두 발을 번갈아 옮겨 놓는 동작입니다.

❺ 화살을 쏘아 과녁의 한복판에 들어맞는 것은 　　　　　 입니다.

❻ 　　　　　 는 하던 일을 다 하여 끝을 내는 것입니다.

❼ 　　　　　 는 모양이 비뚤어지거나 기울지 않은 것을 말합니다.

❽ 배추에 소금가 배어들게 하는 것은 　　　　 입니다.

# 15단계 평가

 4. 문제를 읽고 알맞은 낱말을 찾아 빈칸에 바르게 옮겨 쓰세요.

❶ "밭에 ○○을 주다."에 알맞은 말은 무엇인가요?
① 거름    ② 걸음

❷ "빠른 ○○으로 걷다."에 알맞은 말은
무엇인가요?
① 걸음    ② 거름

❸ '열리다'의 반대말은 무엇인가요?
① 다치다    ② 닫히다

❹ 액체 따위를 끓여서 진하게 만드는 것은?
① 다리다    ② 달리다    ③ 달이다

❺ '틀림없이 꼭'에 해당하는 말은?
① 반드시    ② 반듯이

❻ '빠르다'의 반대말은 무엇인가요?
① 느리다    ② 늘이다

❼ "쭈그리고 앉아 있었더니 발이 ○○○."에
알맞은 말은 무엇인가요?
① 절이다    ② 저리다

❽ "생선을 소금에 ○○○."에 알맞은 말은
무엇인가요?
① 절이다    ② 저리다

5. 왼쪽 ☐ 안의 틀린 글자를 찾아, 오른쪽 빈칸에 바르게 쓰세요.

| 틀린 글자 찾기 | 바르게 고쳐 쓰기 |

❶ 엄마는 | 거 | 름 |이 느리다.　　　엄마는 | | |이 느리다.

❷ 보약을 | 다 | 리 | 는 | 냄새　　　보약을 | | | 냄새

❸ 몸을 | 반 | 드 | 시 | 하고　　　몸을 | | | | 하고

❹ 동생을 팔을 | 닫 | 혔 | 다 |.　　　동생을 팔을 | | |.

❺ 편지를 | 붙 | 이 | 고 | 오는 길에　　　편지를 | | | 오는 길에

❻ 이번 학기를 | 맞 | 히 | 고 |　　　이번 학기를 | | |

❼ 봉투에 우표를 | 부 | 치 | 다 |.　　　봉투에 우표를 | | |.

❽ 수수께끼를 알아 | 마 | 치 | 다 |.　　　수수께끼를 알아 | | |.

# 국어 교과서 따라잡기

2학년 1학기 국어 교과서에서
각 단원별로 중요한 어구와 문장을
10개씩 골라 받아쓰기 문제지를 만들었습니다.
103~105쪽에 수록된 받아쓰기 문제를
아이가 잘 받아쓸 수 있도록
한 번은 천천히, 그 다음은
정상 속도로 불러 주세요.

# 1. 시를 즐겨요

점수          점 / 100점

불러 주는 말을 잘 듣고, 띄어쓰기에 유의하여 받아쓰세요.

❶

❷

❸

❹

❺

❻

❼

❽

❾

❿

# 2. 자신 있게 말해요

불러 주는 말을 잘 듣고, 띄어쓰기에 유의하여 받아쓰세요.

❶

❷

❸

❹

❺

❻

❼

❽

❾

❿

# 3. 마음을 나누어요

불러 주는 말을 잘 듣고, 띄어쓰기에 유의하여 받아쓰세요.

❶

❷

❸

❹

❺

❻

❼

❽

❾

❿

# 4. 말놀이를 해요

불러 주는 말을 잘 듣고, 띄어쓰기에 유의하여 받아쓰세요.

❶

❷

❸

❹

❺

❻

❼

❽

❾

❿

# 5. 낱말을 바르고 정확하게 써요

불러 주는 말을 잘 듣고, 띄어쓰기에 유의하여 받아쓰세요.

❶

❷

❸

❹

❺

❻

❼

❽

❾

❿

# 6. 차례대로 말해요

점수　　　　점 / 100점

불러 주는 말을 잘 듣고, 띄어쓰기에 유의하여 받아쓰세요.

❶

❷

❸

❹

❺

❻

❼

❽

❾

❿

# 7. 친구들에게 알려요

점수          점 / 100점

불러 주는 말을 잘 듣고, 띄어쓰기에 유의하여 받아쓰세요.

❶

❷

❸

❹

❺

❻

❼

❽

❾

❿

# 8. 마음을 짐작해요

점수        점 / 100점

불러 주는 말을 잘 듣고, 띄어쓰기에 유의하여 받아쓰세요.

❶

❷

❸

❹

❺

❻

❼

❽

❾

❿

# 9. 생각을 생생하게 나타내요

불러 주는 말을 잘 듣고, 띄어쓰기에 유의하여 받아쓰세요.

❶

❷

❸

❹

❺

❻

❼

❽

❾

❿

# 10. 다른 사람을 생각해요

불러 주는 말을 잘 듣고, 띄어쓰기에 유의하여 받아쓰세요.

❶

❷

❸

❹

❺

❻

❼

❽

❾

❿

# 11. 상상의 날개를 펴요

점수　　　　점 / 100점

초등 입학 전 미리 공부하는 또박또박 한글 떼기 4

불러 주는 말을 잘 듣고, 띄어쓰기에 유의하여 받아쓰세요.

❶

❷

❸

❹

❺

❻

❼

❽

❾

❿

초등 입학 전 미리 공부하는 또박또박 한글 떼기 4

아이가 잘 받아쓸 수 있도록 한 번은 천천히, 그다음은 정상 속도로 문제를 불러 주세요.
채점을 할 때는 띄어쓰기와 마침표 위치도 꼭 확인하세요.
점선을 따라 잘라 두면 문제를 불러 줄 때, 채점할 때 편리하게 이용할 수 있습니다.

**92쪽**
1. 고양이는 ∨부뚜막에서
2. 한 ∨걸음 ∨두 ∨걸음
3. 하늘 ∨한가운데에서
4. 풀밭을 ∨걸을 ∨때는
5. 풀꽃에게 ∨미안해.
6. 으르렁 ∨드르렁
7. 생쥐처럼 ∨살금살금
8. 양말을 ∨벗겨 ∨드렸다.
9. 입을 ∨더 ∨크게
10. 벌려야 ∨하는데

**93쪽**
1. 알맞은 ∨크기의 ∨목소리로
2. 또박또박 ∨말한다.
3. 듣는 ∨사람을 ∨바라보며
4. 바른 ∨자세로 ∨말합니다.
5. 주의 ∨깊게 ∨들어요.
6. 쓰레기를 ∨주웠더니
7. 마음도 ∨깨끗해졌습니다.
8. 노래 ∨부르기
9. 인상 ∨깊은 ∨문장
10. 기억이 ∨나는 ∨그림

**94쪽**
1. 간지럼을 ∨태우면
2. 기분이 ∨참 ∨좋아요.
3. 실망했어요.
4. 샘이 ∨났어요.
5. 뿌듯해요.
6. 여동생이 ∨생긴다면
7. 기분이 ∨어떨까?
8. 질투가 ∨날지도 ∨몰라.
9. 길을 ∨잃어버렸을 ∨때
10. 자랑스러울 ∨거야.

**95쪽**
1. 들에 ∨가면 ∨들나물
2. 쑥쑥 ∨뽑아 ∨쑥나물
3. 참기름에 ∨참비름
4. 나리나리 ∨미나리
5. 꼬불꼬불 ∨고사리
6. 살살 ∨달래라 ∨달래
7. 말랑말랑 ∨말냉이
8. 질겅질겅 ∨질경이
9. 콩콩 ∨튀어서 ∨콩나물
10. 사과는 ∨빨개.

### 96쪽

1. 다치지ˇ말고
2. 뜨거운ˇ국
3. 식혀서ˇ먹어야ˇ합니다.
4. 방을ˇ정리합니다.
5. 엿가락을ˇ길게ˇ늘이다.
6. 동물들이ˇ더위에ˇ지쳐
7. 느리게ˇ움직이고ˇ있다.
8. 구멍ˇ난ˇ양말을ˇ깁다.
9. 물이ˇ깊지ˇ않다.
10. 답은ˇ3번이ˇ맞습니다.

### 97쪽

1. 궁전ˇ밖으로ˇ급하게
2. 호박ˇ마차를ˇ타고
3. 어느ˇ날ˇ아침에
4. 캄캄한ˇ밤에
5. 호랑이ˇ배ˇ속에서
6. 소금ˇ장수와ˇ기름ˇ장수
7. 까만ˇ털을ˇ가진
8. 못마땅했어요.
9. 눈처럼ˇ하얀ˇ털
10. 양치기ˇ할아버지

### 98쪽

1. 민속ˇ박물관에서
2. 처음ˇ보는ˇ물건
3. 정말ˇ소중한ˇ거야.
4. 내ˇ실내화가ˇ없어졌어!
5. 이건ˇ연필ˇ깎기야.
6. 야구를ˇ하다가
7. 모자를ˇ잃어버렸어.
8. 오리가ˇ그려져ˇ있어.
9. 옛날ˇ전화기
10. 어떻게ˇ다를까?

### 99쪽

1. 우연히ˇ만났어요.
2. 친구가ˇ아끼는ˇ색연필
3. 달리기를ˇ했다.
4. 얼마ˇ남지ˇ않았는데
5. 꼭ˇ붙어ˇ있어라.
6. 부끄러웠어.
7. 잠시ˇ고민했을ˇ것ˇ같아.
8. 벌써ˇ달아났을ˇ거야.
9. 밟힌ˇ상추
10. 멋쩍게ˇ웃었다.

100쪽

1. 밤하늘에ⅤⅤ가득해.
2. 하늘에서Ⅴ반짝반짝
3. 오늘은Ⅴ비가 주룩주룩
4. 나는 노란Ⅴ장화를Ⅴ신고
5. 굵은Ⅴ빗방울이 후드득
6. 수컷Ⅴ사슴벌레
7. 더듬이도Ⅴ있어요.
8. 단단한Ⅴ껍데기
9. 가난하고Ⅴ병든Ⅴ사람
10. 의사가Ⅴ되겠다고요.

101쪽

1. 온Ⅴ세상을Ⅴ비추느라
2. 네Ⅴ덕분에
3. 어두운Ⅴ밤Ⅴ동안
4. 잘Ⅴ다닐Ⅴ수Ⅴ있어.
5. 넌Ⅴ할 수Ⅴ있어.
6. 다치지Ⅴ않았니?
7. 괜찮아, 너는Ⅴ괜찮니?
8. 무슨Ⅴ일 있어?
9. 줄넘기를 잘Ⅴ못하겠어.
10. 줄넘기를 잘하는Ⅴ방법

102쪽

1. 모으기Ⅴ시작했습니다.
2. 딸기를Ⅴ먹고Ⅴ싶어도
3. 자기만Ⅴ생각할까?
4. 수박을Ⅴ들고
5. 새벽이Ⅴ되어서야
6. 잠이Ⅴ들었습니다.
7. 동네Ⅴ사람들에게
8. 치과Ⅴ의사Ⅴ선생님
9. 제발Ⅴ도와주세요.
10. 잠꼬대를Ⅴ했어요.

///////////////////////////////////////////////////////////////////////////////////

### 11단계 구개음으로 바뀌는 글자

1. (1)-ⓛ (2)-ⓒ (3)-ⓖ  2. (1) 해돋이 (2) 샅샅이 (3) 접붙이면  3. (1) 맏이 (2) 금붙이
(3) 샅샅이 (4) 등받이 (5) 가을걷이 (6) 해돋이 (7) 피붙이 (8) 굳이  4. (1) ① (2) ② (3) ①
(4) ① (5) ② (6) ③ (7) ① (8) ②  5. (1) 맏이 (2) 같이 (3) 해돋이 (4) 감쪽같이 (5) 붙이다
(6) 가을걷이 (7) 미닫이 (8) 샅샅이

### 12단계 거센소리가 나는 글자

1. (1)-ⓒ (2)-ⓖ (3)-ⓛ  2. (1) 어떻게 (2) 벌겋다. (3) 젖히다.  3. (1) 국화 (2) 입학 (3)
맏형 (4) 축하 (5) 식혜 (6) 벌겋다 (7) 사이좋게 (8) 젖히다  4. (1) ② (2) ① (3) ③ (4) ①
(5) ② (6) ③ (7) ② (8) ①  5. (1) 닿지 (2) 넣고 (3) 빨갛게 (4) 입학 (5)뽑혀 (6) 파랗게
(7) 사이좋게 (8) 닫힌

### 13단계 받침의 표기와 소리가 다른 글자

1. (1)-ⓛ (2)-ⓒ (3)-ⓖ  2. (1) 닦았어요. (2) 단풍잎 (3) 빚어  3. (1) 젓가락 (2) 부엌 (3) 옆
선 (4) 헝겊 (5) 깎다 (6) 팥 (7) 대낮 (8) 여섯  4. (1) ① (2) ② (3) ① (4) ① (5) ② (6) ① (7)
② (8) ③  5. (1) 숲 (2) 무릎 (3) 묶다 (4) 낯선 (5) 버릇 (6) 젓가락, 볶다 (7) 가마솥 (8) 햇
볕, 꽃밭

### 14단계 자음의 발음이 닮아가는 글자

1. (1)-ⓒ (2)-ⓖ (3)-ⓛ  2. (1) 볶는다. (2) 짖는 (3) 앞머리  3. (1) 막내 (2) 첫눈 (3) 낱말
(4) 설날 (5) 난로 (6) 빗물 (7) 음료수 (8) 불꽃놀이  4. (1) ① (2) ① (3) ② (4) ① (5) ③
(6) ① (7) ② (8) ③  5. (1) 줄넘기 (2) 속눈썹 (3) 속력 (4) 낱말 (5) 앞머리 (6) 설날, 첫눈
(7) 공룡 (8) 음료수, 먹는다

### 15단계 발음이 같아서 헷갈리는 글자

1. (1)-ⓖ (2)-ⓒ (3)-ⓛ  2. (1) 다린다. (2) 반듯이 (3) 절인다.  3. (1) 거름 (2) 다리미
(3) 늘이다 (4) 걸음 (5) 맞히다 (6) 마치다 (7) 반듯이 (8) 절이다  4. (1) ① (2) ① (3) ②
(4) ③ (5) ① (6) ① (7) ② (8) ①  5. (1) 걸음 (2) 달이는 (3) 반듯이 (4) 다쳤다 (5) 부치
고 (6) 마치고 (7) 붙이다 (8) 맞히다

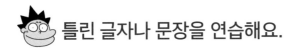 틀린 글자나 문장을 연습해요.

퍼플카우콘텐츠팀 | 재미있고 유익한 어린이 책을 기획하고 만드는 사람들입니다. 기획자, 전문작가, 편집자 등으로 구성되어 '보랏빛소 워크북 시리즈'를 비롯한 아동 교양 실용서를 만들고 있습니다.

이우일 | 어린 시절, 구석진 다락방에서 삼촌과 고모의 외국 잡지를 탐독하며 조용히 만화가의 꿈을 키워 오다 홍익대학교 시각디자인학과에 들어가 그 꿈을 맘껏 펼치기 시작합니다. 신선한 아이디어로 '도날드 닭', '노빈손' 등 재미있는 그림을 그려 사람들을 즐겁게 해주고 있습니다. 지은 책으로는 《우일우화》, 《옥수수빵파랑》, 《좋은 여행》, 《고양이 카프카의 고백》 등이 있습니다. 그림책 작가인 아내 선현경, 딸 은서, 고양이 카프카, 비비와 함께 그림을 그리고 글을 쓰며 살고 있습니다.

장희윤 | 이화여자대학교 사범대학 교육공학과와 국어국문학과를 졸업했고, 연세대학교 교육대학원에서 상담교육을 전공했습니다. 학생이 만드는 '경기꿈의학교―통학버스(통일 품은 학생 버스커)'의 꿈지기 교사이자, 전직 중학교 국어 교사로 10여 년간 사교육과 공교육을 넘나들며 많은 학생에게 국어 및 자기주도적 학습 전략을 지도하는 학습 코칭 크리에이터로 활동하고 있습니다. 네이버 오디오 클립 〈슬기로운 사춘기 생활〉을 운영하고 있으며, 지은 책으로는 《2016 더 배움 국어 검정고시》, 《사춘기 부모 수업》 등이 있습니다.

보랏빛소 워크북 시리즈

초등 입학 전 미리 공부하는

또박또박
한글 떼기 ❹

초판 1쇄 발행 | 2021년 6월 1일

지은이 | 퍼플카우콘텐츠팀
그린이 | 이우일
감수자 | 장희윤

펴낸곳 | 보랏빛소
펴낸이 | 김철원

책임편집 | 김이슬
마케팅·홍보 | 이태훈
디자인 | 진선미

출판신고 | 2014년 11월 26일 제2015-000327호
주소 | 서울시 마포구 포은로 81-1 에스빌딩 201호
대표전화·팩시밀리 | 070-8668-8802 (F)02-323-8803
이메일 | boracow8800@gmail.com

ISBN 979-11-90867-29-0 (64700)
ISBN 979-11-90867-15-3 (세트)